Impressum
Verlag: BABADADA GmbH, Nedderfeld 112 , 22529 Hamburg
Geschäftsführer / Verlagsleitung: Harald Hof
Druck: Books on Demand GmbH, In de Tarpen 42, 22848 Norderstedt

Imprint
Publisher: BABADADA GmbH, Nedderfeld 112 , 22529 Hamburg, Germany
Managing Director / Publishing direction: Harald Hof
Print: Books on Demand GmbH, In de Tarpen 42, 22848 Norderstedt, Germany

школа
escuela

класна кімната
aula

ділити
dividir

186/2

дошка
mesa

шкільний двір
patio de escuela

вчитель
docente

папір
papel

писати
escribir

ручка
bolígrafo

письмовий стіл
escritorio

лінійка
regla

книга
libro

учень
alumno

ранець
mochila escolar

пенал
caja de lápices

олівець
lápiz

точило
sacapuntas

гумка
goma de borrar

альбом для малювання
bloc de dibujo

малюнок

dibujo

пензель

pincel

коробка фарб

caja de pinturas

ножиці

tijera

клей

pegamento

зошит

libro de ejercicios

домашнє завдання

tarea

число

número

додавати

sumar

віднімати

restar

множити

multiplicar

рахувати

calcular

літера

letra

абетка

alfabeto

слово

palabra

текст

texto

читати

leer

крейда

tiza

година

lección

класний журнал

libro de clase

екзамен

examen

диплом

certificado

шкільна форма

uniforme escolar

освіта

educación

лексикон

enciclopedia

університет

universidad

мікроскоп

microscopio

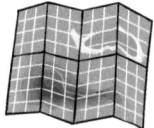

карта

mapa

кошик для паперу

cesto de papeles

подорож

viaje

Grand
готель
hotel
ROOMS
турбаза
albergue
обмінний пункт
casa de cambio
валіза
maleta
автомобіль
auto

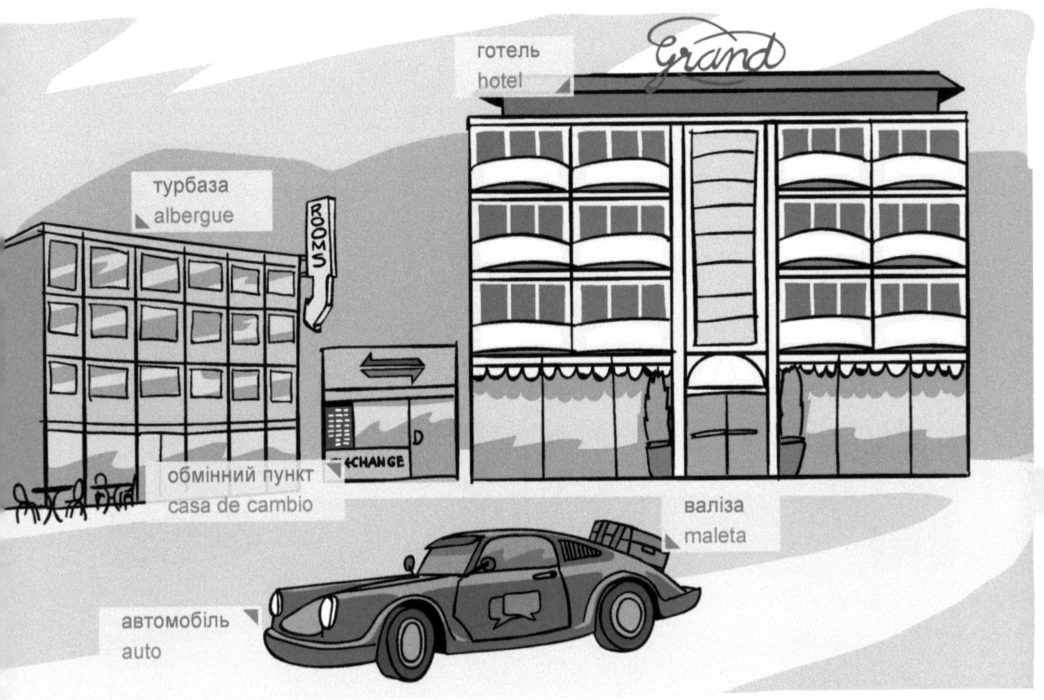

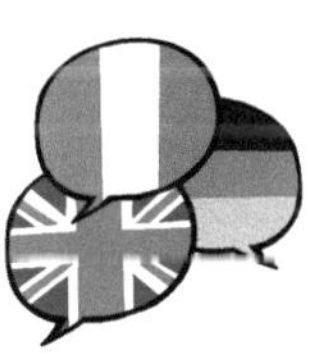

мова
idioma

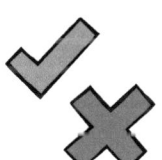

так / ні
sí / no

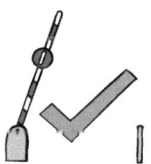

добре
ok

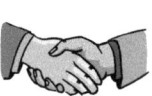

привіт
hola

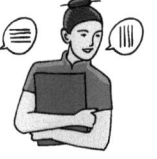

перекладач
intérprete

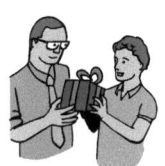

дякую
gracias

Скільки коштує ...?

¿Cuánto cuesta...?

Я не розумію

No entiendo

проблема

problema

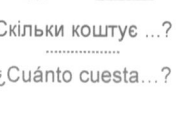

Добрий вечір!

¡Buenas tardes!

Доброго ранку!

¡Buenos días!

На добраніч!

¡Buenas noches!

До побачення

adiós

напрямок

dirección

багаж

equipaje

сумка

bolso

рюкзак

mochila

гість

invitado

кімната

cuarto

спальний мішок

saco de dormir

намет

tienda de campaña

туристична інформація

información al turista

пляж

playa

кредитна картка

tarjeta de crédito

сніданок

desayuno

обід

almuerzo

вечеря

cena

квиток

pasaje

ліфт

ascensor

поштова марка

sello

межа

límite

митниця

aduana

посольство

embajada

віза

visa

паспорт

pasaporte

транспорт
transporte

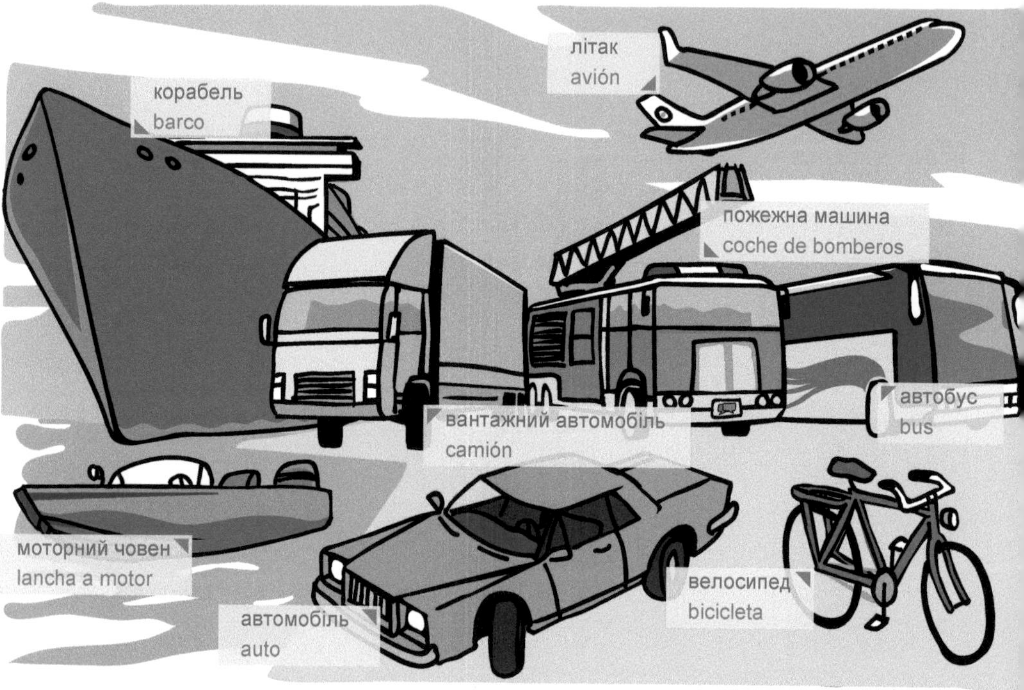
корабель
barco
літак
avión
пожежна машина
coche de bomberos
вантажний автомобіль
camión
автобус
bus
моторний човен
lancha a motor
велосипед
bicicleta
автомобіль
auto

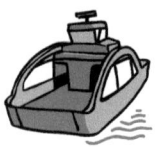

пором

balsa

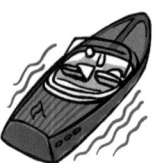

човен

lancha

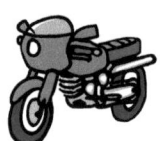

мотоцикл

motocicleta

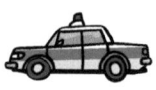

поліцейська машина

auto de policía

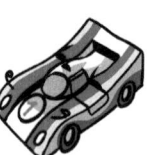

гоночний автомобіль

auto de carreras

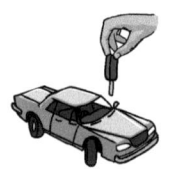

автомобіль на прокат

auto de alquiler

спільне користування авто

alquiler de autos

евакуатор

grúa

сміттєвоз

vehículo recolector de basura

двигун

motor

паливо

gasolina

автозаправна станція

gasolinera

дорожній знак

señal de tráfico

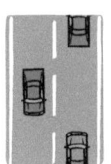

рух

tránsito

затор

atasco

стоянка

estacionamiento

вокзал

estación de tren

рейки

carril

потяг

tren

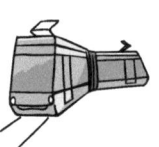

трамвай

tranvía

вагон

vagón

гелікоптер

helicóptero

аеропорт

aeropuerto

вежа

torre

пасажир

pasajero

контейнер

contenedor

коробка

caja de cartón

візок

carro

кошик

cesta

стартувати / приземлятися

despegar / aterrizar

місто

ciudad

село

aldea

центр міста

centro de la ciudad

дім

casa

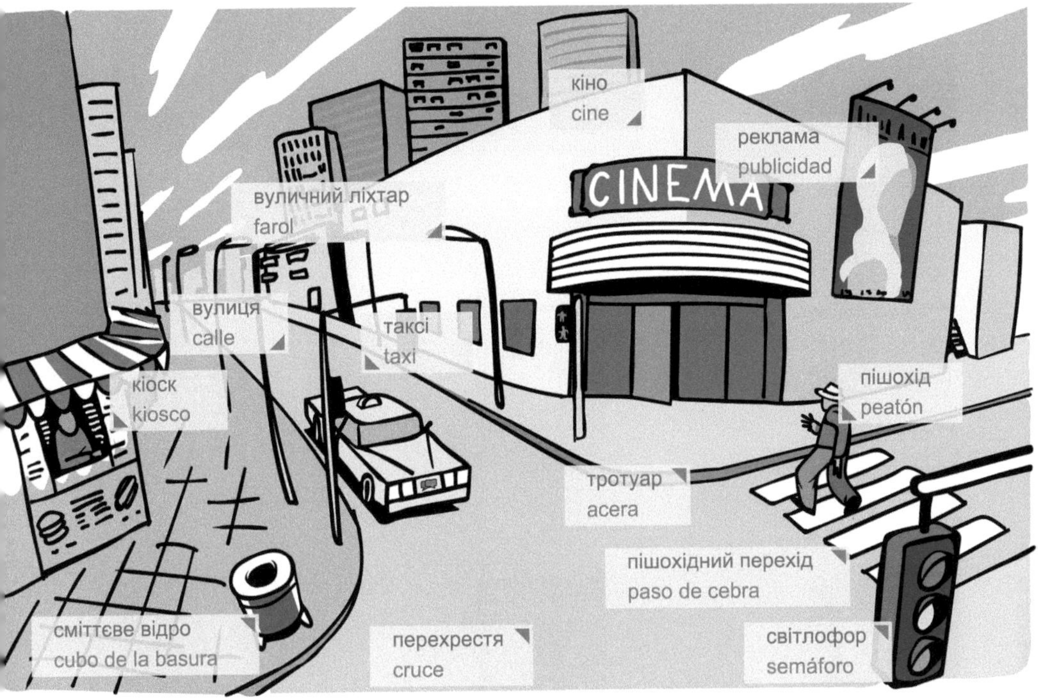

кіно
cine

реклама
publicidad

CINEMA

вуличний ліхтар
farol

вулиця
calle

таксі
taxi

пішохід
peatón

кіоск
kiosco

тротуар
acera

пішохідний перехід
paso de cebra

сміттєве відро
cubo de la basura

перехрестя
cruce

світлофор
semáforo

хатина
cabaña

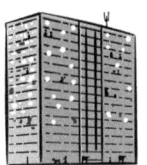

квартира
apartamento

вокзал
estación de tren

ратуша
ayuntamiento

музей
museo

школа
escuela

місто - ciudad

університет

universidad

банк

banco

лікарня

hospital

готель

hotel

аптека

farmacia

офіс

oficina

книжковий магазин

librería

магазин

negocio

квітковий магазин

florería

супермаркет

supermercado

ринок

mercado

універмаг

grandes almacenes

торговець рибою

pescadería

торговельний центр

centro comercial

гавань

puerto

місто - ciudad

парк

parque

лава

banco

міст

puente

сходи

escalera

метро

metro

тунель

túnel

автобусна зупинка

parada de autobuses

бар

bar

ресторан

restaurante

поштова скринька

buzón de correo

вулична табличка

letrero

лічильник паркування

parquímetro

зоопарк

zoológico

басейн

piscina

мечеть

mezquita

ферма

granja

забруднення
навколишнього
середовища
polución

кладовище

cementerio

церква

iglesia

дитячий майданчик

parque infantil

храм

templo

ландшафт

paisaje

листок
hoja

вказівний стовп
indicador de camino

шлях
sendero

луг
pradera

камінь
piedra

дерево
árbol

мандрівник
caminante

річка
río

трава
pasto

квітка
flor

долина

valle

гора

montaña

озеро

lago

ліс

bosque

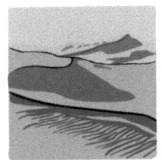

пустеля

desierto

вулкан

volcán

замок

castillo

веселка

arco iris

гриб

seta

пальма

palmera

комар

mosquito

муха

mosca

мурашка

hormiga

бджола

abeja

павук

araña

ландшафт - paisaje

жук

escarabajo

жаба

rana

вивірка

ardilla

їжак

erizo

заєць

liebre

сова

lechuza

птах

pájaro

лебідь

cisne

кабан

jabalí

олень

ciervo

лось

alce

гребля

embalse

вітряк

aerogenerador

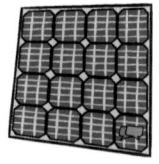

сонячний модуль

módulo solar

клімат

clima

ресторан
restaurante

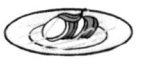

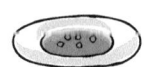

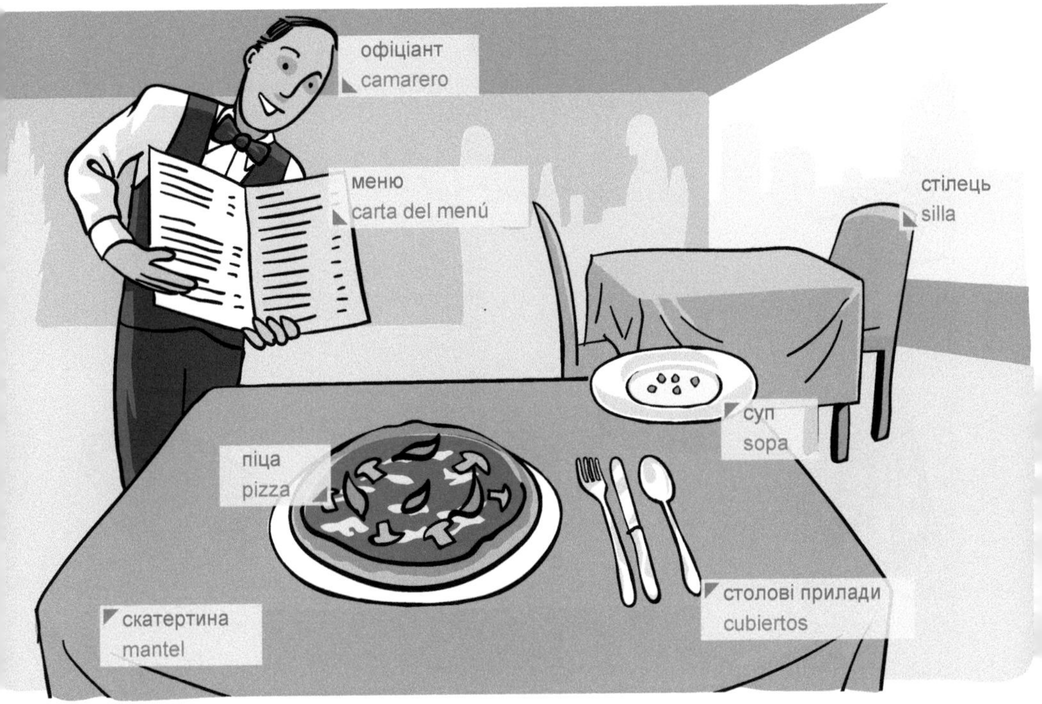

офіціант
camarero
меню
carta del menú
стілець
silla
суп
sopa
піца
pizza
столові прилади
cubiertos
скатертина
mantel

закуска

entrada

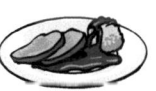

друга страва

plato principal

десерт

postre

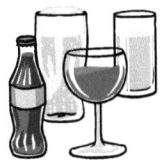

напої

bebida

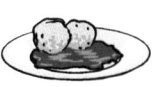

їжа

comida

пляшка

botella

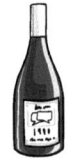

фаст-фуд

comida rápida

вулична їжа

comida callejera

чайник

tetera

цукорниця

azucarera

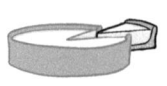

порція

porción

еспресо-машина

máquina de espresso

високий стільчик

silla alta

рахунок

factura

піднос

bandeja

ніж

cuchillo

вилка

tenedor

ложка

cuchara

чайна ложка

cuchara de té

серветка

servilleta

склянка

vaso

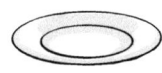

тарілка

plato

тарілка для супу

plato de sopa

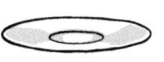

блюдце

platillo

соус

salsa

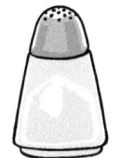

солонка

salero

млин для перцю

molinillo para pimienta

оцет

vinagre

масло

aceite

спеції

especias

кетчуп

ketchup

гірчиця

mostaza

майонез

mayonesa

супермаркет

supermercado

пропозиція
oferta
FOR
клієнт
cliente
молочні продукти
productos lácteos
фрукти
fruta
візок для покупок
carrito de compras

BUTCHERS

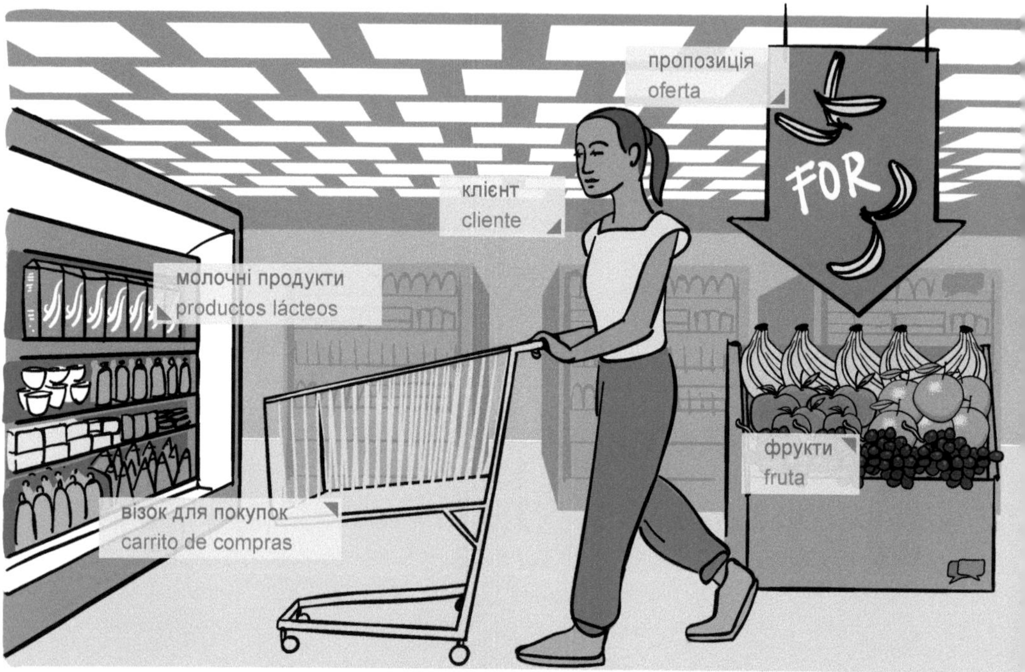

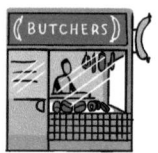

м'ясний магазин

carnicería

BAKERY

пекарня

panadería

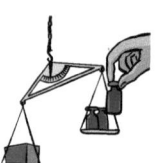

зважувати

pesar

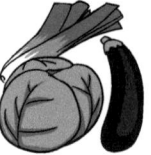

овочі

verdura

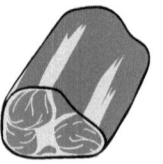

м'ясо

carne

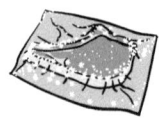

заморожені продукти

alimentos congelados

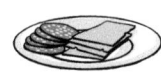

ковбасна нарізка

fiambre

консерви

conservas

пральний порошок

detergente en polvo

солодощі

dulces

предмети домашнього побуту

artículos domésticos

мийний засіб

productos de limpieza

продавщиця

vendedora

каса

caja

касир

cajero

список покупок

lista de compras

часи роботи

horario de atención

гаманець

cartera

кредитна картка

tarjeta de crédito

сумка

maleta

поліетиленовий пакет

bolsa plástica

вода

agua

сік

jugo

молоко

leche

кола

refresco de cola

вино

vino

пиво

cerveza

алкоголь

alcohol

какао

cacao

чай

té

кава

café

еспресо

espresso

капучіно

cappuccino

банан

banana

яблуко

manzana

апельсин

naranja

кавун

sandía

лимон

limón

морква

zanahoria

часник

ajo

бамбук

bambú

цибуля

cebolla

гриб

seta

горішки

nueces

локшина

fideos

спагеті

espagueti

рис

arroz

салат

ensalada

картопля фрі

patatas fritas

смажена картопля

patatas salteadas

піца

pizza

гамбургер

hamburguesa

бутерброд

sándwich

шніцель

escalope

шинка

jamón

салямі

salame

ковбаса

embutido

курка

pollo

печеня

asado

риба

pescado

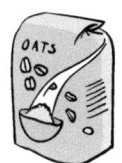

вівсяні пластівці

copos de avena

мюслі

musli

кукурудзяні пластівці

copos de maíz tostado

борошно

harina

круасан

croissant

булочка

panecillo

хліб

pan

тостовий хліб

tostada

печиво

galletas

масло

mantequilla

сир

cuajada

пиріг

pastel

яйце

huevo

яєчня

huevo frito

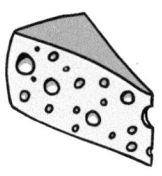

сир

queso

морозиво

helado

цукор

azúcar

мед

miel

мармелад

mermelada

нуга-крем

praliné

карі

curry

їжа - comida

ферма

granja

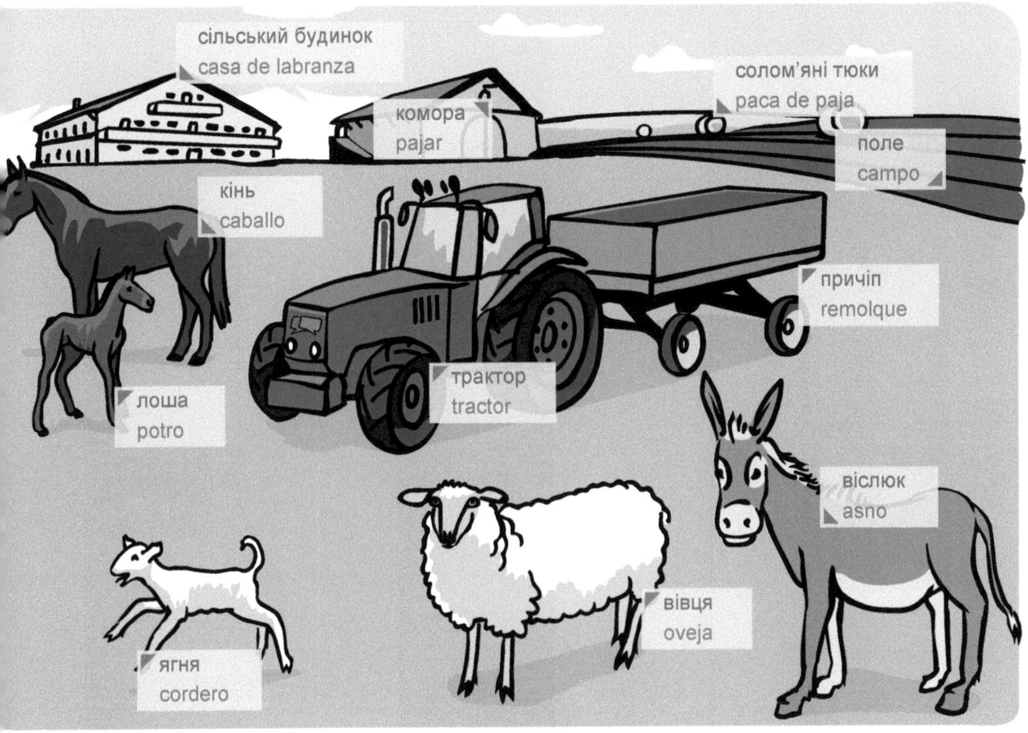

сільський будинок
casa de labranza
комора
pajar
солом'яні тюки
paca de paja
поле
campo
кінь
caballo
причіп
remolque
трактор
tractor
лоша
potro
віслюк
asno
вівця
oveja
ягня
cordero

коза

cabra

корова

vaca

теля

ternero

свиня

cerdo

порося

lechón

бик

toro

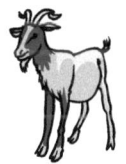

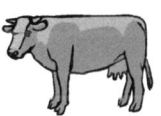

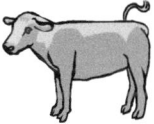

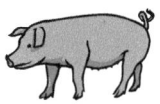

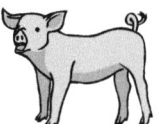

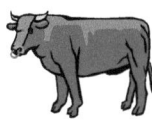

гусак

ganso

качка

pato

курча

polluelo

курка

pollo

півень

gallo

щур

rata

кіт

gato

миша

ratón

віл

buey

собака

perro

собача будка

caseta del perro

садовий шланг

manguera de riego

лійка

regadera

коса

guadaña

плуг

arado

серп

hoz

мотика

azada

вила

bieldo

сокира

hacha

тачка

carretilla

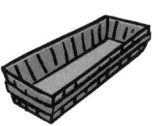

корито

abrevadero

бідон молока

lechera

мішок

saco

паркан

cerca

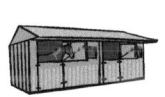

хлів

establo

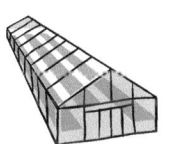

теплиця

invernadero

ґрунт

suelo

насіння

semilla

добриво

fertilizante

комбайн

cosechadora

ферма - granja

пожинати

cosechar

урожай

cosecha

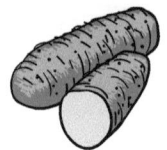

корінь ямсу

raíz de ñame

пшениця

trigo

соя

soja

картопля

patata

кукурудза

maíz

ріпак

colza

плодове дерево

Árbol frutal

маніок

mandioca

злаки

cereales

дім

casa

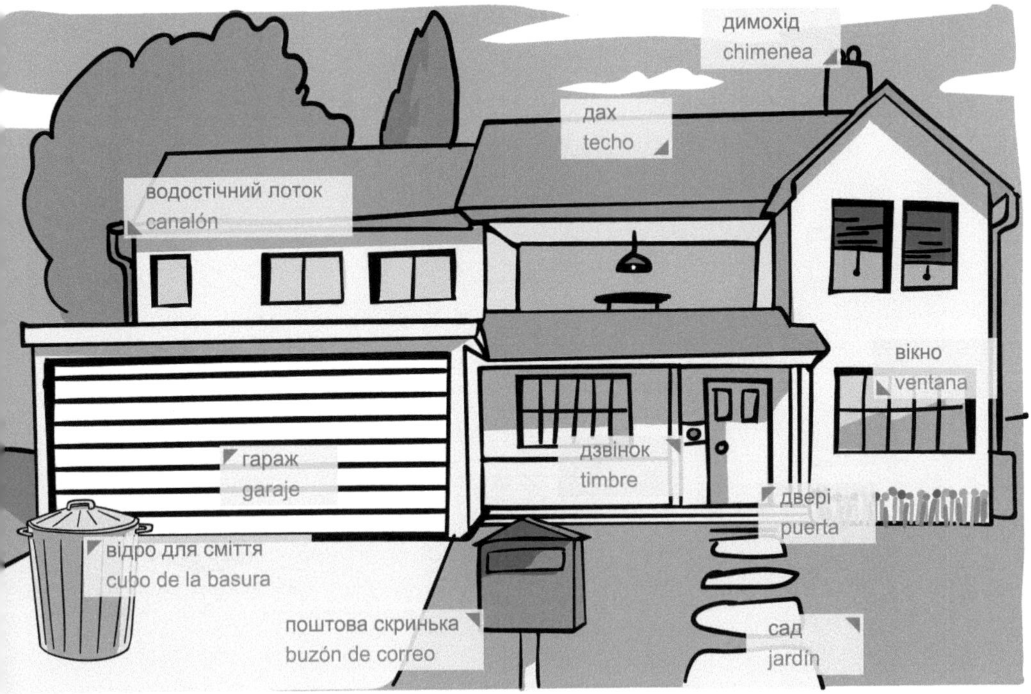

димохід
chimenea
дах
techo
водостічний лоток
canalón
вікно
ventana
гараж
garaje
дзвінок
timbre
двері
puerta
відро для сміття
cubo de la basura
поштова скринька
buzón de correo
сад
jardín

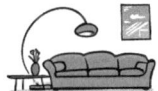

вітальня

cuarto de estar

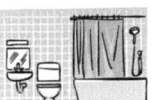

ванна кімната

cuarto de baño

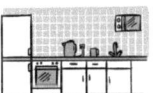

кухня

cocina

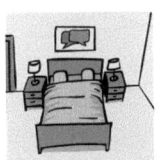

спальня

dormitorio

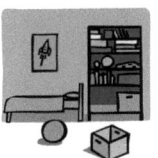

дитяча кімната

cuarto de los niños

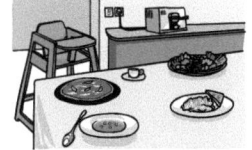

їдальня

comedor

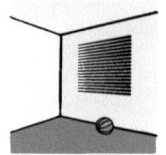

підлога

piso

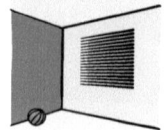

стіна

pared

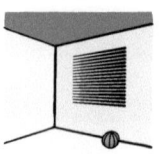

стеля

cielorraso

підвал

sótano

сауна

sauna

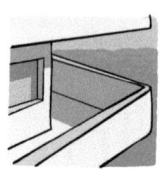

балкон

balcón

тераса

terraza

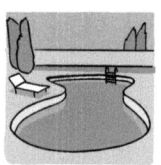

басейн

piscina

косарка

cortacésped

простирало

funda nórdica

ковдра

edredón

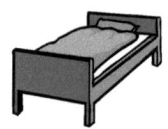

ліжко

cama

мітла

escoba

відро

cubo

перемикач

interruptor

вітальня
cuarto de estar

шпалери
papel para empapelar
малюнок
imagen
лампа
lámpara
поличка
estante
шафа
gabinete
телевізор
televisor
камін
hogar
квітка
flor
подушка
cojín
диван
sofá
ваза
florero
пульт
control remoto

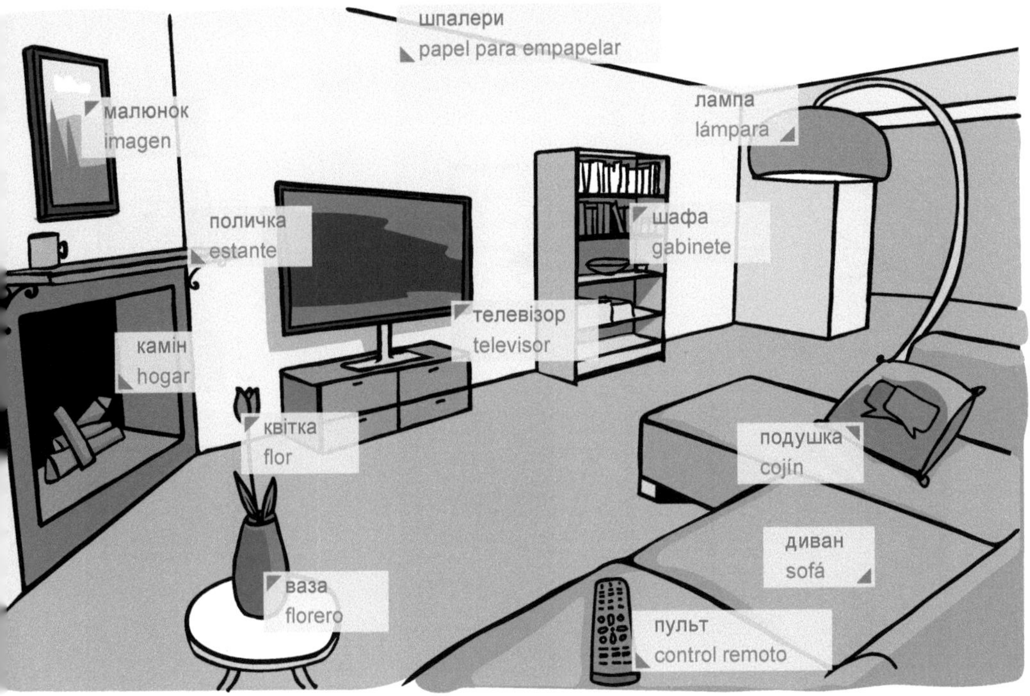

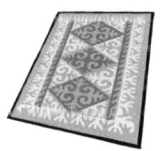

килим

alfombra

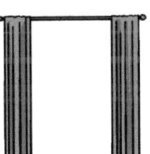

завіса

cortina

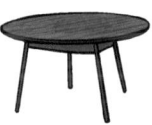

стіл

mesa

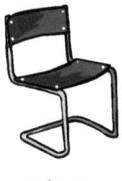

стілець

silla

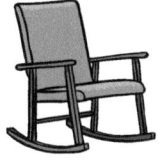

крісло-гойдалка

mecedora

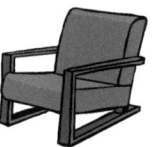

крісло

sillón

книга
libro

ковдра
frazada

прикраса
decoración

дрова
leña

фільм
film

стереосистема
equipo estereofónico

ключ
llave

газета
periódico

картина
cuadro

плакат
póster

радіо
radio

блокнот
bloc de notas

пилосос
aspiradora

кактус
cactus

свічка
vela

кухня
cocina

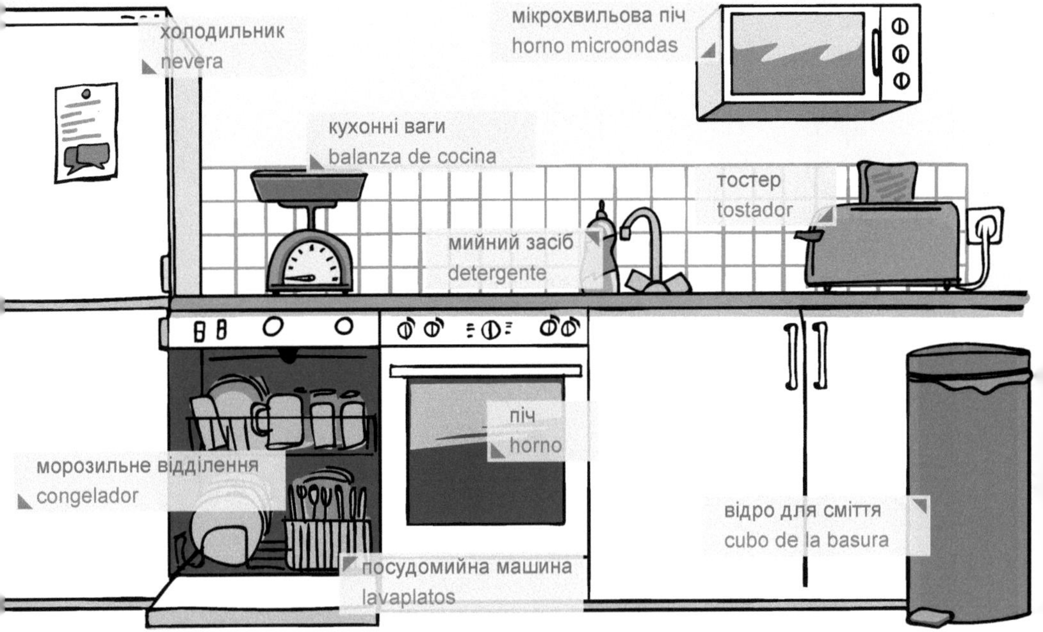
холодильник
nevera
мікрохвильова піч
horno microondas
кухонні ваги
balanza de cocina
тостер
tostador
мийний засіб
detergente
піч
horno
морозильне відділення
congelador
відро для сміття
cubo de la basura
посудомийна машина
lavaplatos

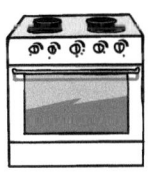

плита

cocina

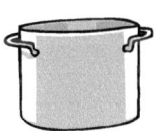

горщик

olla

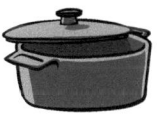

чавунний горщик

olla de fundición de hierro

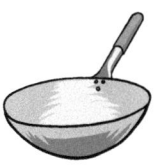

вок / кадай

wok / kadai

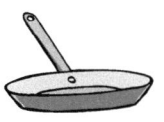

сковорода

sartén

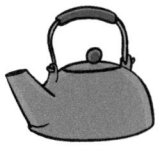

чайник

hervidor de agua

пароварка

olla de vapor

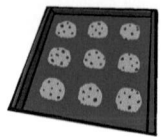

лист

bandeja de horno

посуд

vajilla

кухоль

vaso

чаша

bol

палички для їжі

palillos para comer

черпак

cucharón de sopa

лопатка

espátula

вінчик для збивання

batidor

сито

colador

сито

cedazo

терка

rallador

ступка

mortero

барбекю

parrillada

багаття

fogata

дошка

tabla de picar

качалка

rodillo

штопор

sacacorchos

конзерва

lata

відкривачка

abrelatas

прихватки

agarrador

раковина

fregadero

щітка

cepillo

губка

esponja

міксер

batidora

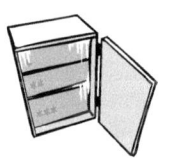

морозильна камера

arcón congelador

дитяча пляшка

biberón

кран

grifo

кухня - cocina

ванна кімната

cuarto de baño

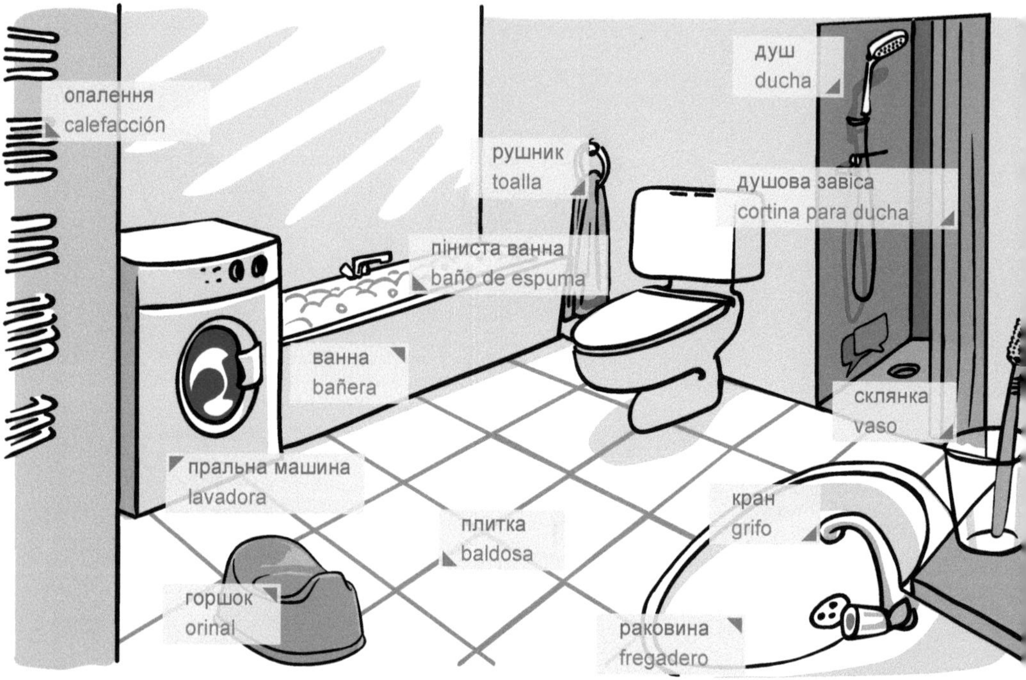

опалення
calefacción
рушник
toalla
душ
ducha
душова завіса
cortina para ducha
пiниста ванна
baño de espuma
ванна
bañera
склянка
vaso
пральна машина
lavadora
кран
grifo
плитка
baldosa
горшок
orinal
раковина
fregadero

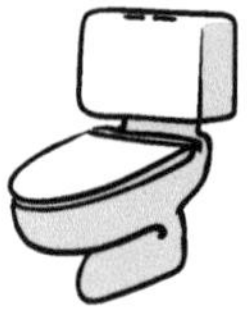

туалет

cuarto de baño

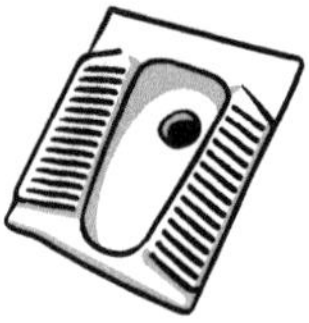

підлоговий туалет

placa turca

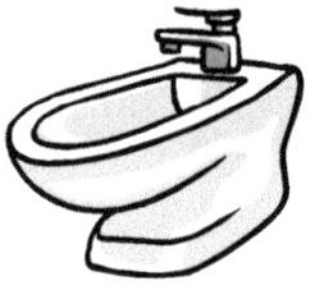

біде

bidé

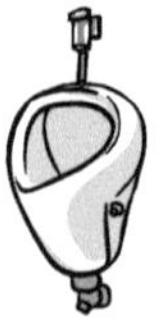

пісуар

urinario

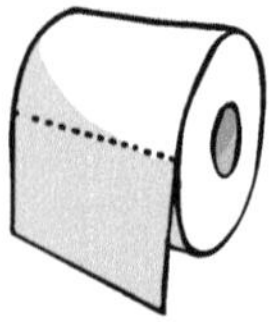

туалетний папір

papel higiénico

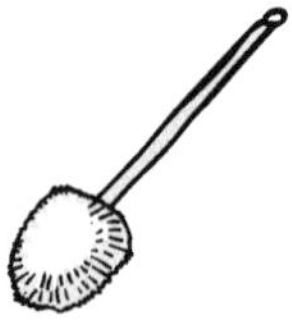

щітка для туалету

escobilla para el cuarto de baño

зубна щітка

cepillo de dientes

зубна паста

pasta dentífrica

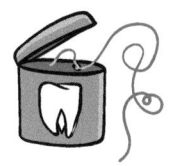

нитка для чищення зубів

seda dental

мити

lavar

ручний душ

ducha teléfono

інтимний душ

ducha higiénica

таз

cuenco

щітка для спини

cepillo para la espalda

мило

jabón

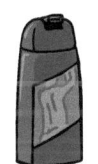

гель для душу

gel de ducha

шампунь

champú

мочалка

manopla para baño

водостік

desagüe

крем

crema

дезодорант

desodorante

дзеркало

espejo

косметичне дзеркало

espejo de maquillaje

бритва

máquina de afeitar

піна для гоління

espuma de afeitar

лосьйон після гоління

loción para después del
afeitado

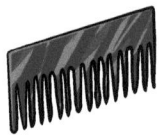

гребінь

peine

щітка

cepillo

фен

secador para cabello

лак для волосся

laca de peinado

косметика

maquillaje

губна помада

lápiz labial

лак для нігтів

laca para uñas

вата

algodón

ножиці для нігтів

tijera para uñas

парфум

perfume

косметичка

neceser

табурет

taburete

ваги

balanza

халат

bata de baño

гумові рукавички

guantes de goma

тампон

tampón

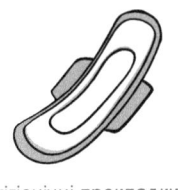

гігієнічні прокладки

compresa

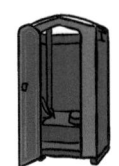

біотуалет

wáter químico

дитяча кімната
cuarto de los niños

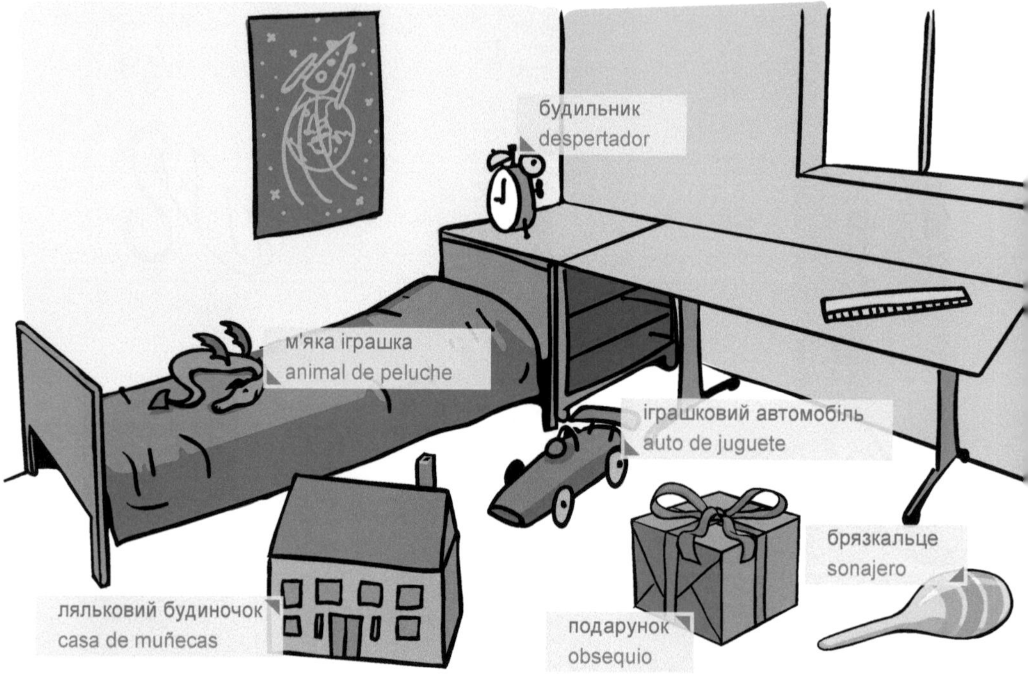
будильник
despertador
м'яка іграшка
animal de peluche
іграшковий автомобіль
auto de juguete
брязкальце
sonajero
ляльковий будиночок
casa de muñecas
подарунок
obsequio

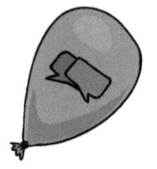

повітряна кулька

globo

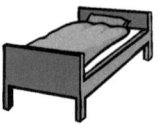

ліжко

cama

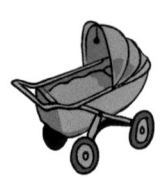

дитячий візок

cochecito para niños

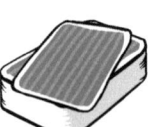

картярська гра

juego de barajas

пазл

rompecabezas

SUPER
MEGA

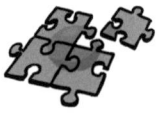

комікс

cómic

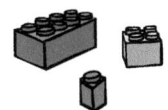

лего цеглинки

piezas de Lego

блоки

bloques para jugar

іграшкова фігурка

figura de acción

повзунки

pijama de una pieza

фризбі

frisbee

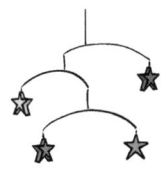

мобіле

móvil

настільна гра

juego de mesa

кубик

dado

модель залізнична станція

tren eléctrico a escala

соска

chupete

вечірка

fiesta

книжка з картинками

libro de dibujos

м'яч

pelota

лялька

títere

грати

jugar

пісочниця

arenero

гойдалка

columpio

іграшка

juguetes

гральна консоль

consola de videojuego

триколісний велосипед

triciclo

плюшевий мішка

osito de peluche

шафа

guardarropa

одяг

vestimenta

шкарпетки

calcetines

панчохи

medias

колготки

panti

шарф
chal

ремінь
cinturón

парасоля
paraguas

футболка
camiseta

кросівки
deportivas

чоботи
botas

домашнє взуття
zapatilla

сандалі
sandalias

взуття
zapatos

гумові чоботи
botas de goma

труси
ropa interior

бюстгальтер
corpiño

нижня сорочка
camiseta

одяг - vestimenta

45

боді

body

штани

pantalón

джинси

jeans

спідниця

falda

блузка

blusa

сорочка

camisa

пуловер

pullover

светр

sweater

піджак

blazer

куртка

chaqueta

пальто

abrigo

дощовик

impermeable

костюм

traje chaqueta

сукня

vestido

весільна сукня

vestido de bodas

костюм

traje

нічна сорочка

camisón

піжама

pijama

capi

sari

головна хустка

pañuelo de cabeza

чалма

turbante

бурка

burka

кафтан

caftán

абая

abaya

купальник

traje de baño

плавки

bañador

шорти

shorts

тренувальний костюм

chándal

фартух

delantal

рукавички

guante

гудзик

botón

окуляри

gafa

браслет

brazalete

ланцюг

cadena

кільце

anillo

сережка

aro

шапка

gorra

плічка

percha

капелюх

sombrero

краватка

corbata

застібка-блискавка

cierre a cremallera

шолом

casco

підтяжки

tiradores

шкільна форма

uniforme escolar

уніформа

uniforme

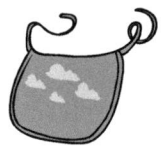

нагрудник

babero

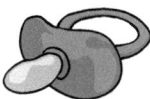

соска

chupete

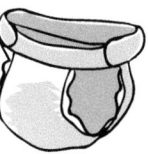

підгузок

pañal

офіс
oficina

сервер
servidor
шаф для документів
archivador
принтер
impresora
папір
papel
монітор
monitor
миша
ratón
письмовий стіл
escritorio
папка
carpeta
синтезатор
teclado
кошик для паперу
cesto de papeles
комп'ютер
ordenador
стілець
silla

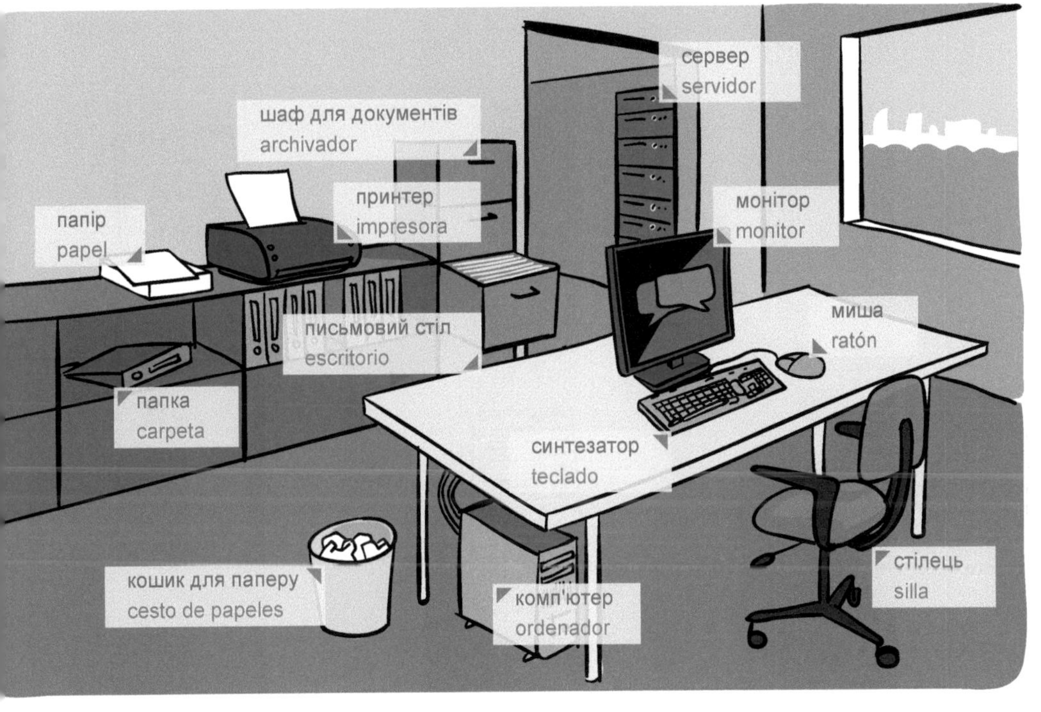

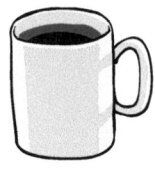

кавовий кухоль

taza de café

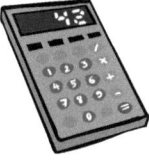

калькулятор

calculadora

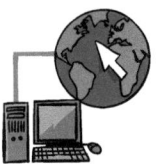

інтернет

internet

ноутбук

laptop

лист

carta

повідомлення

mensaje

мобільний телефон

teléfono móvil

мережа

red

копіювальний пристрій

fotocopiadora

програмне забезпечення

software

телефон

teléfono

розетка

tomacorriente

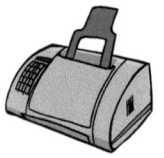

факс

máquina de fax

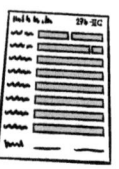

бланк

formulario

документ

documento

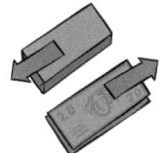

купувати

comprar

платити

pagar

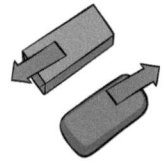

торгувати

comerciar

гроші

dinero

долар

dólar

євро

euro

ієна

yen

рубль

rublo

франк

franco

юанів женьміньбі

renminbi

рупія

rupia

банкомат

cajero automático

обмінний пункт

casa de cambio

золото

oro

срібло

plata

нафта

petróleo

енергія

energía

ціна

precio

контракт

contrato

податок

impuesto

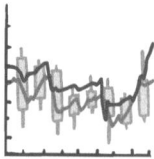

акція

acción

працювати

trabajar

працівник

empleado

роботодавець

empleador

фабрика

fábrica

магазин

negocio

професії
ocupaciones

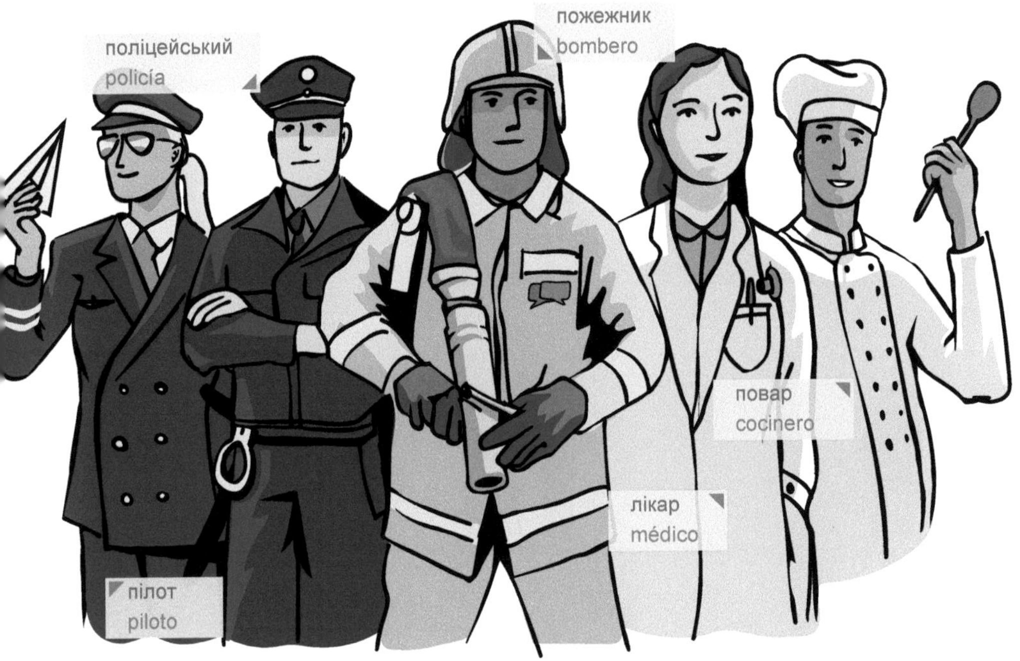

поліцейський
policía
пожежник
bombero
повар
cocinero
лікар
médico
пілот
piloto

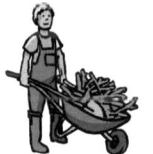

садівник

jardinero

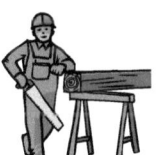

столяр

carpintero

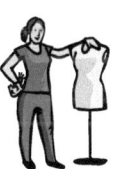

швачка

costurera

суддя

juez

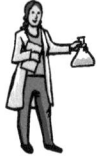

хімік

químico

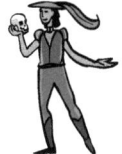

актор

actor

водій автобуса

conductor de autobús

таксист

taxista

рибалка

pescador

прибиральниця

mujer de la limpieza

покрівельник

techista

офіціант

camarero

мисливець

cazador

художник

pintor

пекар

panadero

електрик

electricista

будівельник

albañil

інженер

ingeniero

забійник

carnicero

бляхар

fontanero

листоноша

cartero

солдат

soldado

архітектор

arquitecto

касир

cajero

флорист

florista

перукар

peluquero

кондуктор

cobrador

механік

mecánico

капітан

capitán

дантист

odontólogo

вчений

científico

рабин

rabino

імам

imam

монах

monje

пастор

párroco

професії - ocupaciones

інструменти
herramientas

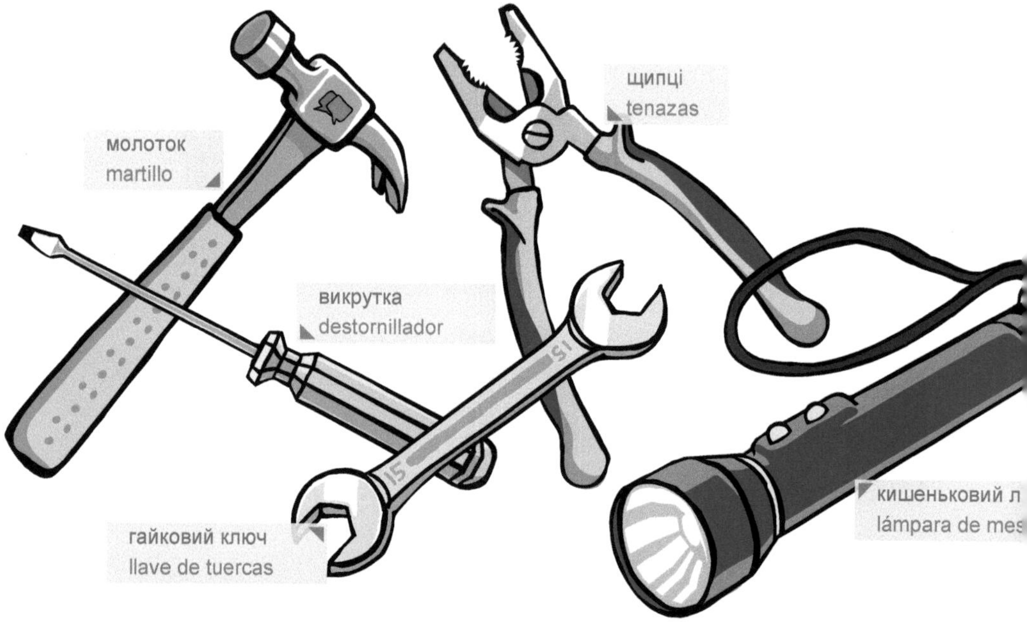
щипці
tenazas
молоток
martillo
викрутка
destornillador
кишеньковий л
lámpara de mes
гайковий ключ
llave de tuercas

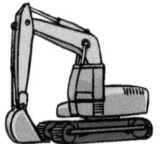

екскаватор

excavadora

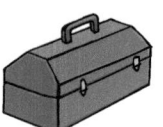

ящик для інструментів

caja de herramientas

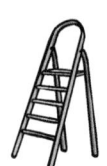

драбина

escalerilla

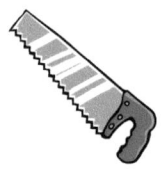

пилка

serrucho

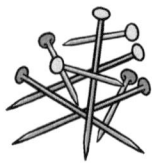

цвяхи

clavos

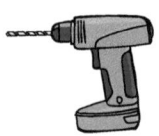

свердло

taladro

ремонтувати

reparar

лопата

pala

лайно!

¡Maldición!

совок

recogedor

відро з фарбою

lata de pintura

гвинти

tornillos

музичні інструменти
instrumentos musicales

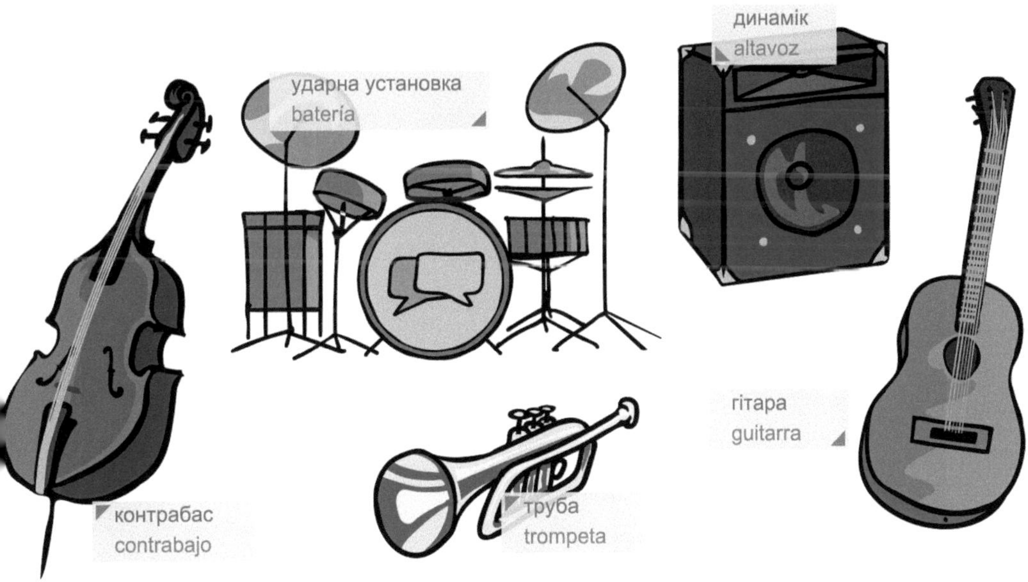

ударна установка
batería

динамік
altavoz

гітара
guitarra

контрабас
contrabajo

труба
trompeta

фортепіано

piano

скрипка

violín

бас

bajo

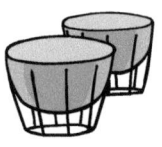

литаври

timbales

барабан

tambor

клавіатура

teclado

саксофон

saxofón

флейта

flauta

мікрофон

micrófono

зоопарк
zoológico

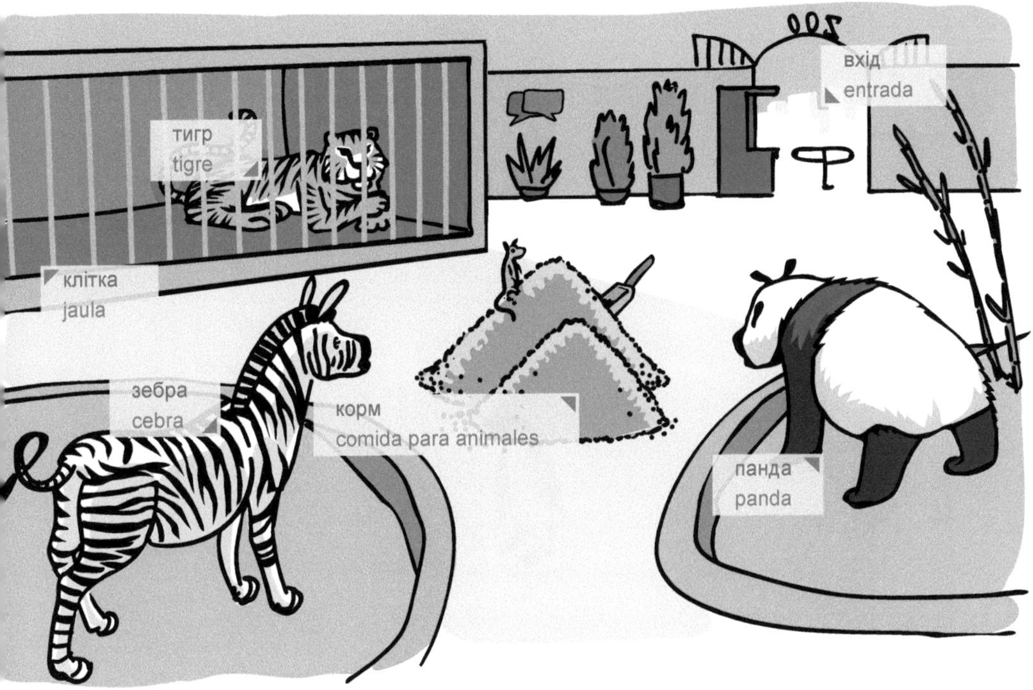

вхід
entrada
тигр
tigre
клітка
jaula
зебра
cebra
корм
comida para animales
панда
panda

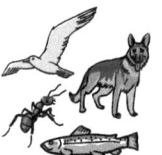

тварини

animales

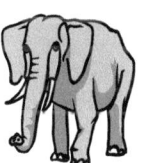

слон

elefante

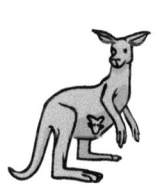

кенгуру

canguro

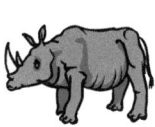

носоріг

rinoceronte

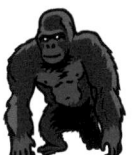

горила

gorila

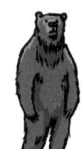

ведмідь

oso

верблюд

camello

страус

avestruz

лев

león

мавпа

mono

фламінго

flamengo

папуга

papagayo

білий ведмідь

oso polar

пінгвін

pingüino

акула

tiburón

павич

pavo real

змія

serpiente

крокодил

cocodrilo

працівник зоопарку

cuidador del zoológico

тюлень

foca

ягуар

jaguar

поні

pony

леопард

leopardo

гіпопотам

hipopótamo

жираф

jirafa

орел

águila

кабан

jabalí

риба

pescado

черепаха

tortuga

морж

morsa

лисиця

zorro

газель

gacela

зоопарк - zoológico

американський футбол
fútbol americano

їзда на велосипеді
ciclismo

теніс
tenis

баскетбол
baloncesto

плавання
natación

бокс
boxeo

хокей
hockey sobre hielo

футбол
fútbol

бадмінтон
badminton

легка атлетика
atletismo

гандбол
balonmano

лижні перегони
esquí

поло
polo

дії
actividades

стрибати
saltar
обіймати
abrazar
сміятися
reír
йти
caminar
співати
cantar
мріяти
soñar
молитися
rezar
цілувати
besar

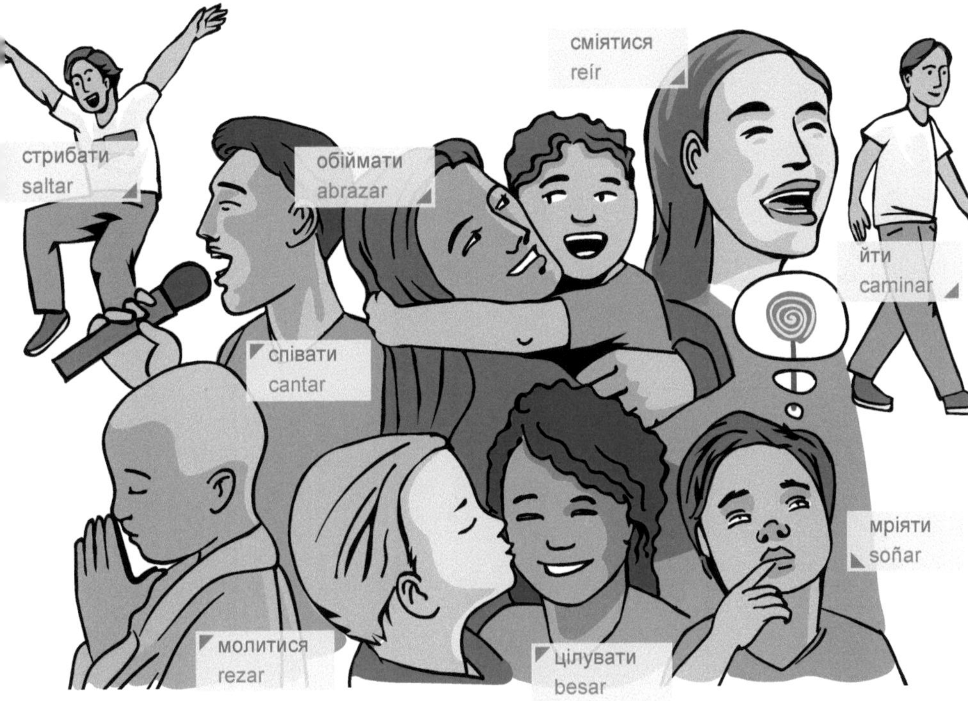

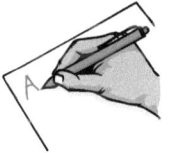

писати

escribir

малювати

dibujar

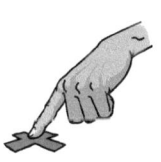

показувати

mostrar

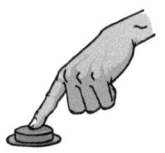

тиснути

presionar

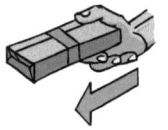

давати

dar

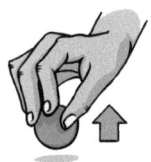

брати

tomar

мати
tener

робити
hacer

бути
ser

стояти
estar de pie

бігати
correr

тягнути
tirar

кидати
arrojar

падати
caer

лежати
estar acostado

очікувати
esperar

носити
llevar

сидіти
estar sentado

одягати
vestirse

спати
dormir

просипатися
despertar

дивитися

mirar

плакати

llorar

гладити

acariciar

розчісувати

peinarse

розмовляти

conversar

розуміти

entender

питати

preguntar

слухати

oír

пити

beber

їсти

comer

прибирати

asear

любити

amar

варити

cocinar

їхати

conducir

літати

volar

дії - actividades

65

йти під вітрилом

navegar

рахувати

calcular

читати

leer

вчитися

aprender

працювати

trabajar

одружуватися

casarse

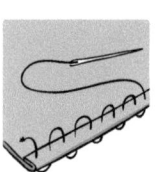

шити

coser

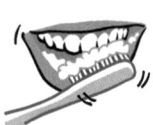

чистити зуби

limpiarse los dientes

убивати

matar

курити

fumar

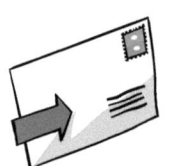

посилати

enviar

бабуся
abuela

дідуся
abuelo

батько
padre

мати
madre

немовля
bebé

донька
hija

син
hijo

гість

invitado

тітка

tía

дядько

tío

брат

hermano

сестра

hermana

тіло

cuerpo

чоло
frente
око
ojo
плече
hombro
палець
dedo
обличчя
cara
підборіддя
barbilla
кисть
mano
нога
pierna
груди
pecho
рука
brazo

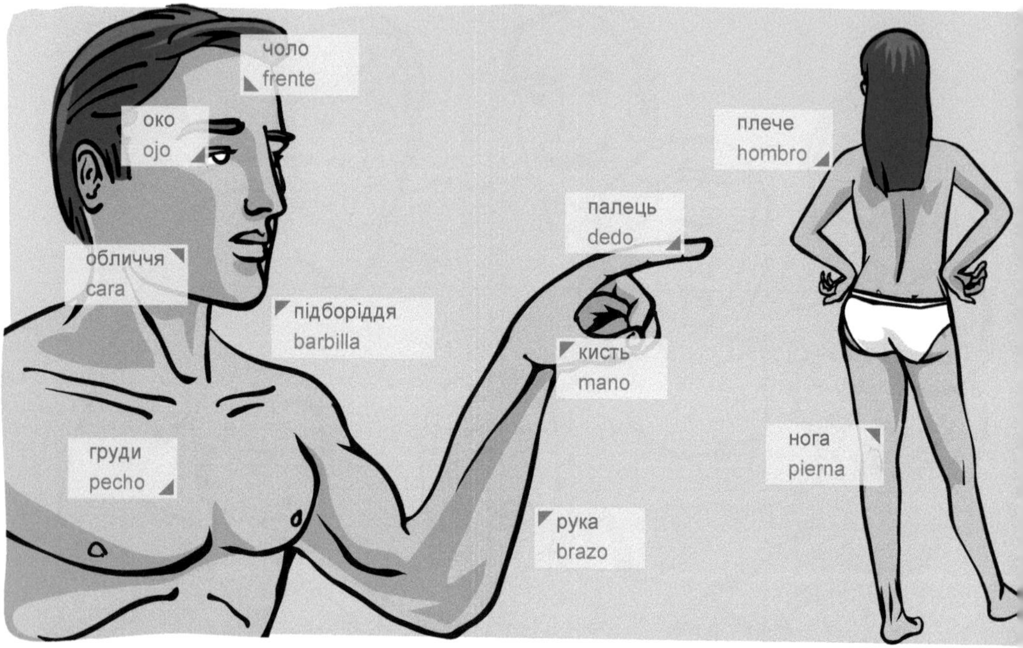

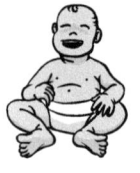

немовля

bebé

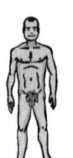

чоловік

hombre

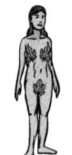

жінка

mujer

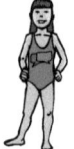

дівчина

muchacha

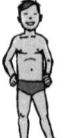

хлопчик

joven

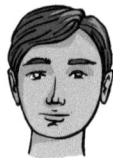

голова

cabeza

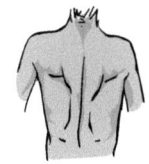

спина

espalda

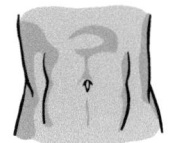

живіт

vientre

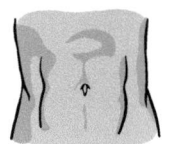

пуп

ombligo

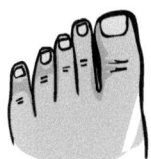

палець ноги

dedo del pie

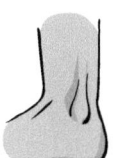

п'ята

talón

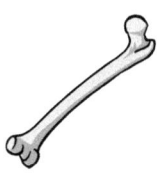

кістка

hueso

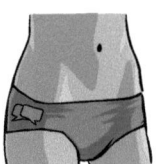

стегно

cadera

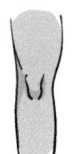

коліно

rodilla

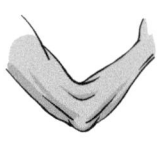

лікоть

codo

ніс

nariz

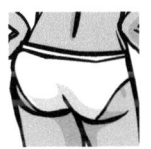

сідниці

trasero

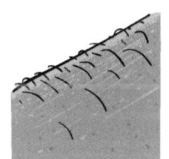

шкіра

piel

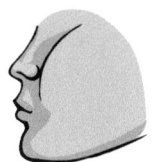

щока

mejilla

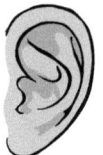

вухо

oreja

губа

labio

тіло - cuerpo

рот
boca

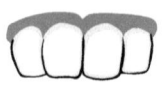

зуб
diente

язик
lengua

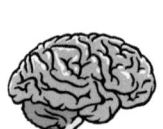

мозок
cerebro

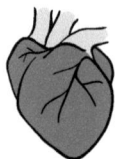

серце
corazón

м'яз
músculo

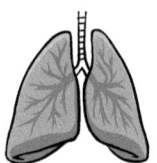

легені
pulmón

печінка
hígado

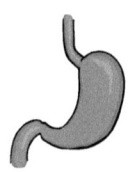

шлунок
estómago

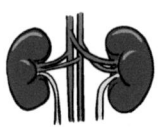

нирки
riñones

статевий акт
relación sexual

презерватив
condón

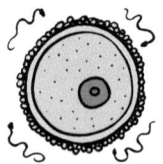

яйцеклітина
Óvulo

сперма
esperma

вагітність
embarazo

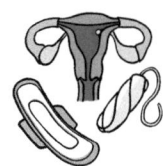

менструація
....
menstruación

вагіна
....
vagina

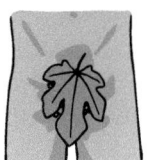

пеніс
....
pene

брова
....
ceja

волосся
....
cabello

шия
....
cuello

лікарня

hospital

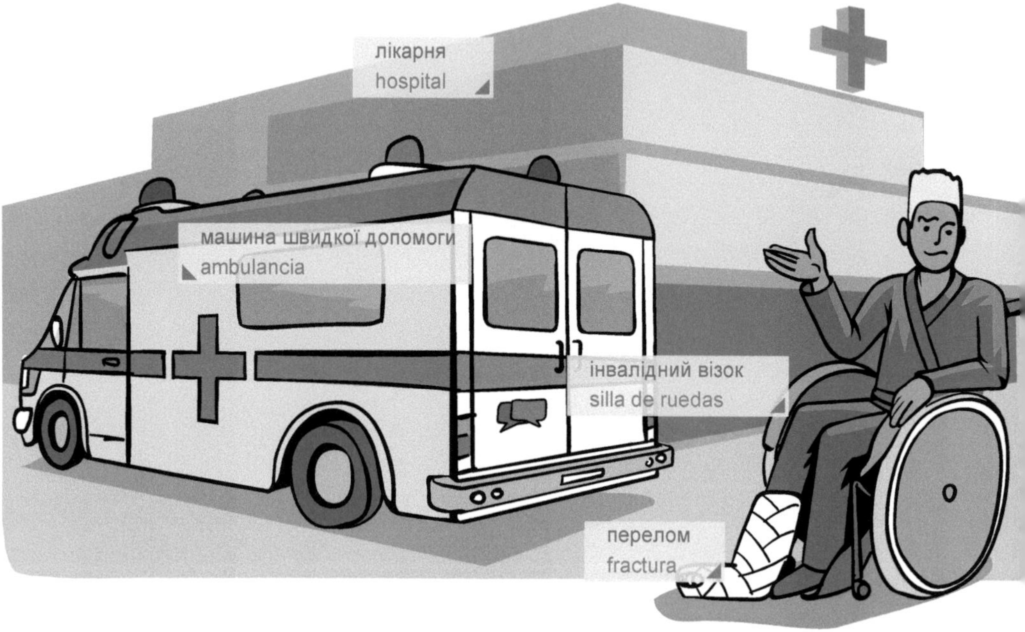

лікарня
hospital
машина швидкої допомоги
ambulancia
інвалідний візок
silla de ruedas
перелом
fractura

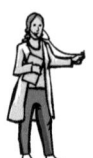

лікар

médico

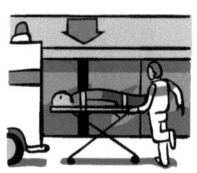

відділення швидкої медичної допомоги

admisión de urgencia

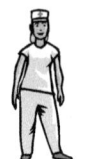

медсестра

enfermera

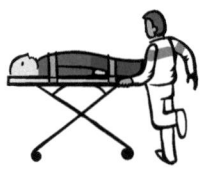

аварійний випадок

emergencia

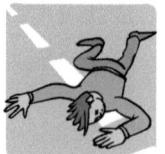

непритомний

inconsciente

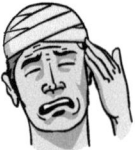

біль

dolor

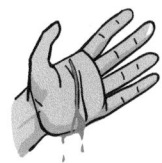

травма

lesión

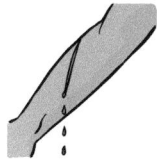

кровотеча

hemorragia

інфаркт

infarto de miocardio

інсульт

apoplejía cerebral

алергія

alergia

кашель

tos

лихоманка

fiebre

грип

gripe

пронос

diarrea

головна біль

dolor de cabeza

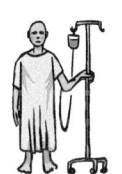

рак

cáncer

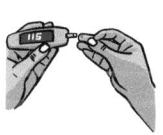

діабет

diabetes

хірург

cirujano

скальпель

escalpelo

операція

operación

КТ
TC

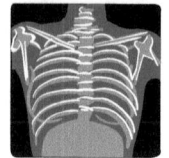

рентген
rayos X

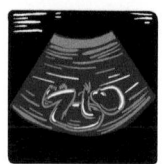

ультразвук
ultrasonido

маска
máscara

хвороба
enfermedad

зал очікування
sala de espera

милиця
muleta

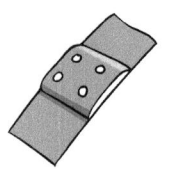

пластир
emplasto

пов'язка
vendaje

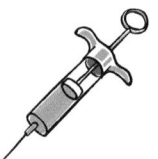

ін'єкція
inyección

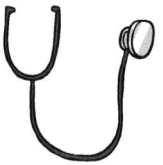

стетоскоп
estetoscopio

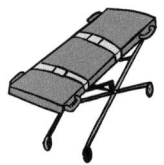

ноші
camilla

термометр
termómetro

народження
nacimiento

надмірна вага
sobrepeso

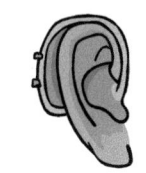

слуховий апарат

audífono

дезінфікуючий засіб

desinfectante

інфекція

infección

вірус

virus

ВІЛ / СНІД

VIH / SIDA

медицина

medicina

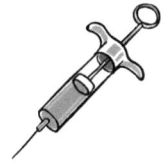

вакцинація

vacunación

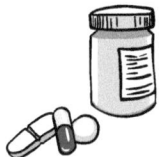

таблетки

comprimido

протизаплідна пігулка

píldora anticonceptiva

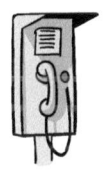

екстрений виклик

llamada de emergencia

тонометр

medidor de presión arterial

хворий / здоровий

enfermo / saludable

Допоможіть!

¡Ayuda!

сигнал тривоги

alarma

напад

asalto

атака

ataque

небезпека

peligro

аварійний вихід

salida de emergencia

Вогонь!

¡Fuego!

вогнегасник

extintor

аварія

accidente

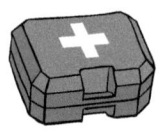

аптечка

kit de primeros auxilios

COC

SOS

поліція

Policía

Європа

Europa

Північна Америка

América del Norte

Південна Америка

América del Sur

Африка

África

Азія

Asia

Австралія

Australia

Атлантика

Atlántico

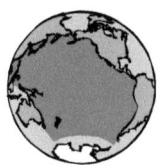

Тихий океан

Pacífico

Індійський океан

Océano Índico

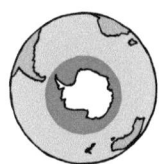

Антарктичний океан

Océano Antártico

Північний Льодовитий
океан

Océano Ártico

Північний полюс

Polo Norte

Південний полюс

Polo Sur

Антарктика

Antártida

Земля

Tierra

суша

país

море

mar

острів

isla

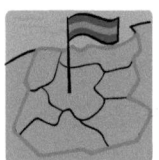

нація

nación

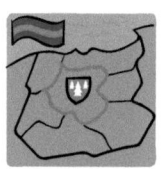

держава

Estado

циферблат

cuadrante

годинникова стрілка

horario

хвилинна стрілка

minutero

секундна стрілка

segundero

Котра година?

¿Qué hora es?

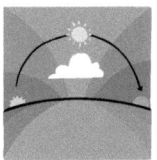

день

día

час

tiempo

зараз

ahora

цифровий годинник

reloj digital

хвилина

minuto

година

hora

тиждень
semana

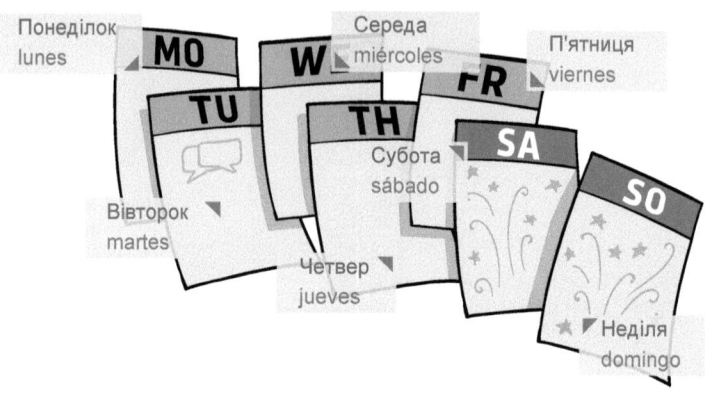

Понеділок — lunes
Середа — miércoles
П'ятниця — viernes
Вівторок — martes
Четвер — jueves
Субота — sábado
Неділя — domingo

вчора
ayer

сьогодні
hoy

завтра
mañana

ранок
mañana

опівдні
mediodía

вечір
tarde

робочі дні
jornada de trabajo

кінець робочого тижня
fin de semana

рік
año

дощ
lluvia
веселка
arco iris
вітер
viento
сніг
nieve
весна
primavera
осінь
otoño
літо
verano
зима
invierno

4.APRIL 11°
5.APRIL 4°
6.APRIL 13°
7.APRIL 8°
8.APRIL 10°

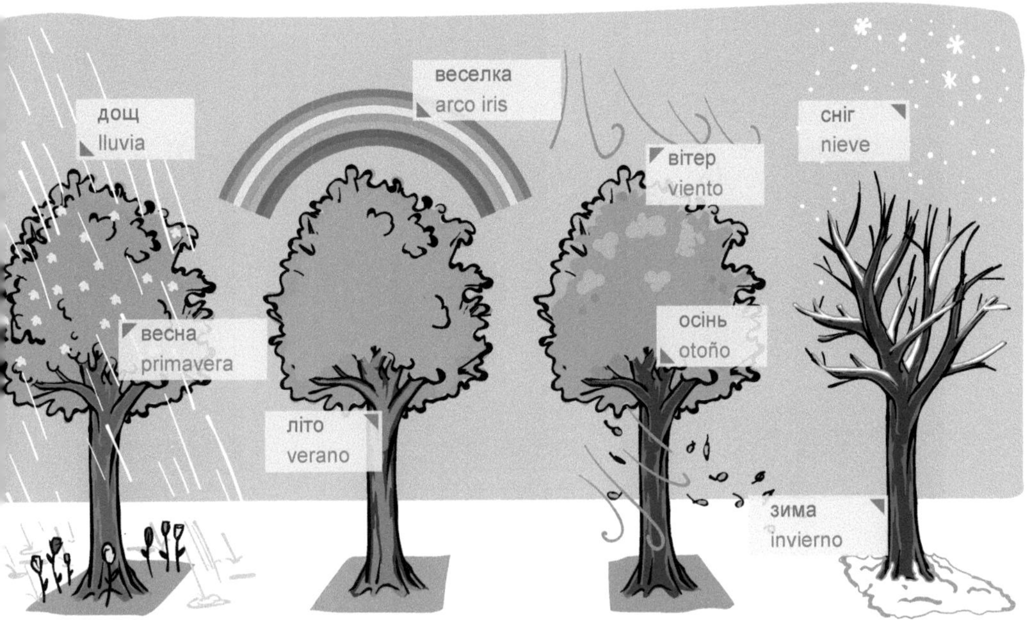

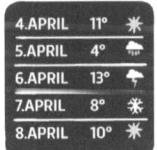

прогноз погоди

pronóstico meteorológico

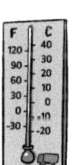

термометр

termómetro

сонячне світло

luz solar

хмара

nube

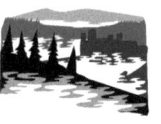

туман

niebla

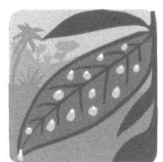

вологість повітря

humedad ambiente

блискавка

relámpago

грім

trueno

шторм

tormenta

град

granizo

мусон

monzón

повінь

inundación

лід

hielo

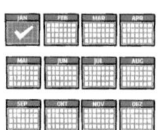

Січень

enero

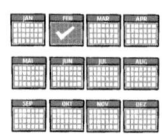

Лютий

febrero

Березень

marzo

Квітень

abril

Травень

mayo

Червень

junio

Липень

julio

Серпень

agosto

рік - año

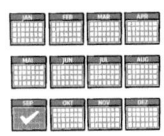

Вересень
....
septiembre

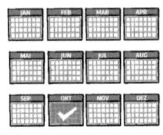

Жовтень
....
octubre

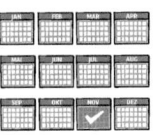

Листопад
....
noviembre

Грудень
....
diciembre

круг
....
círculo

квадрат
....
cuadrado

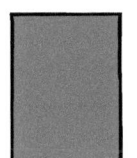

прямокутник
....
rectángulo

трикутник
....
triángulo

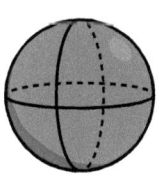

куля
....
esfera

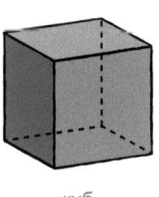

куб
....
cubo

білий

blanco

жовтий

amarillo

помаранчевий

anaranjado

рожевий

rosa

червоний

rojo

фіолетовий

lila

синій

azul

зелений

verde

коричневий

marrón

сірий

gris

чорний

negro

багато / мало

mucho / poco

лютий / мирний

enojado / calmado

гарний / бридкий

bonito / feo

початок / кінець

comienzo / fin

великий / малий

grande / pequeño

світлий / темний

claro / oscuro

брат / сестра

hermano / hermana

чистий / брудний

limpio / sucio

завершений /
незавершений
completo / incompleto

день / ніч

día / noche

мертвий / живий

muerto / vivo

широкий / вузький

ancho / angosto

їстівний / неїстівний

disfrutable / no disfrutable

злий / дружній

malo / amigable

збуджений / нудьгуючий

excitado / aburrido

товстий / тонкий

gordo / delgado

спочатку / востаннє

primero / último

друг / ворог

amigo / enemigo

повний / порожній

lleno / vacío

жорсткий / м'який

duro / suave

важкий / легкий

pesado / liviano

голод / спрага

hambre / sed

хворий / здоровий

enfermo / saludable

незаконний / законний

ilegal / legal

розумний / дурний

inteligente / tonto

вліво / вправо

izquierda / derecha

поруч / далеко

cercano / lejano

новий / використаний

nuevo / usado

нічого / щось

nada / algo

старий / молодий

viejo / joven

вкл / викл

encendido / apagado

відкрито / закрито

abierto / cerrado

тихо / гучно

bajo / fuerte

багатий / бідний

rico / pobre

правильно / неправильно

correcto / incorrecto

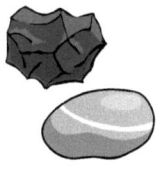

шорсткий / гладкий

áspero / liso

сумний / щасливий

triste / alegre

короткий / довгий

breve / extenso

повільно / швидко

lento / veloz

вологий / сухий

mojado / seco

гарячий / холодний

caliente / frío

війна / мир

guerra / paz

числа

números

0

нуль

cero

1

один

uno

2

два

dos

3

три

tres

4

чотири

cuatro

5

п'ять

cinco

6

шість

seis

7

сім

siete

8

вісім

ocho

9

дев'ять

nueve

10

десять

diez

11

одинадцять

once

12

дванадцять

doce

13

тринадцять

trece

14

чотирнадцять

catorce

15

п'ятнадцять

quince

16

шістнадцять

dieciséis

17

сімнадцять

diecisiete

18

вісімнадцять

dieciocho

19

дев'ятнадцять

diecinueve

20

двадцять

veinte

100

сто

cien

1.000

тисяча

mil

1.000.000

мільйон

millón

числа - números

англійська

inglés

американська англійська

inglés estadounidense

китайська
високочиновницька

chino mandarín

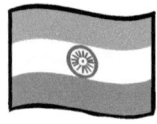

хінді

hindi

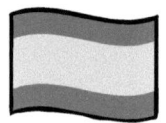

іспанська

español

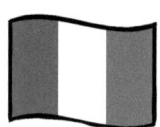

французька

francés

арабська

árabe

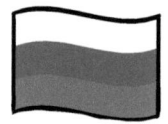

російська

ruso

португальська

portugués

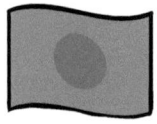

бенгальська

bengalí

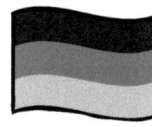

німецька

alemán

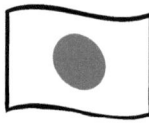

японська

japonés

я

yo

ти

tú

він / вона / воно

él / ella

ми

nosotros

ви

vosotros

вони

ellos

хто?

¿quién?

що?

¿qué?

як?

¿cómo?

де?

¿dónde?

коли?

¿cuándo?

ім'я

nombre

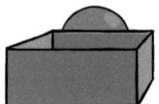

ззаду

detrás

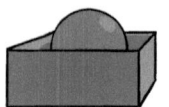

в

en

перед

delante de

над

encima de

на

sobre

під

debajo de

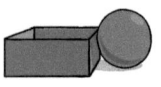

біля

junto a

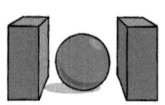

між

entre

місце

lugar